LA SIBÉRIE

ET

LE GRAND TRANSSIBÉRIEN

5806. — L.-Imprimeries réunies, B, rue Saint-Benoît, 7. — Motteroz, directeur.

LA SIBÉRIE

ET

LE GRAND TRANSSIBÉRIEN

PAR

LÉON VALLÉE

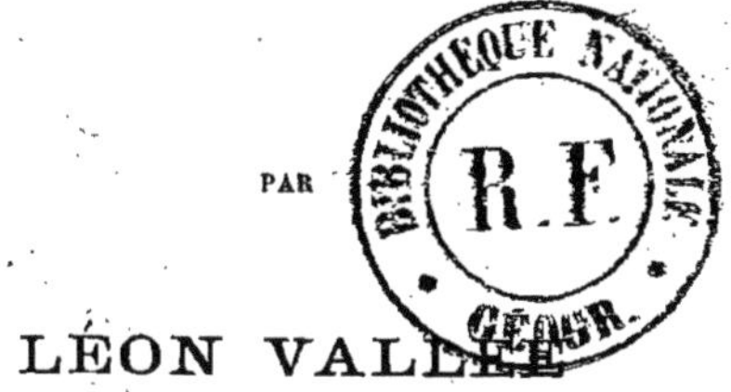

EXTRAIT DE LA *REVUE DE GÉOGRAPHIE*

(Numéro de Mars 1901)

PARIS

LIBRAIRIE CH. DELAGRAVE

15, RUE SOUFFLOT, 15

1901

LA SIBÉRIE ET LE GRAND TRANSSIBÉRIEN

La Sibérie, cette immense partie septentrionale du continent asiatique qui est située entre les 45° et 77° de latitude Nord et les 58° et 180° de longitude Est, se divise en plusieurs vastes régions : la Sibérie occidentale ou du bassin de l'Ob ; la Sibérie centrale ou du bassin de l'Ienisseï ; la marche de la Léna ou de Iakoutsk ; la marche Amouro-littorale, c'est-à-dire la lieutenance générale Priamourski avec la Transbaïkalie et les provinces de l'Amour et du Littoral ; enfin la marche des steppes des Kirghizes, soit les provinces de Semipalatinsk, d'Akmolinsk, de Tourgaï, et la partie de la province de l'Oural qui est au delà du fleuve de ce nom. Le tout représente une superficie de 14 millions 1/2 de kilomètres carrés sur laquelle la Russie d'Europe, deux fois et demie moins étendue, règne en maîtresse absolue, sans la moindre enclave étrangère.

La population sibérienne, dont le chiffre est encore peu élevé, puisque le recensement de 1897 n'indique que 8,367,576 habitants, ne se répartit pas d'une façon proportionnelle entre toutes les parties de la Sibérie, mais bien d'après le degré d'éloignement de la Russie d'Europe et d'après les conditions locales des régions. Le fait capital, c'est la prédominance de l'élément national russe dans les parties les plus civilisées. Ainsi, ce dernier représente 96 p. 100 de la population dans la Sibérie occidentale, 84 p. 100 dans la Sibérie centrale, et 70 p. 100 dans le Transbaïkal. Les autres races, qui sont encore assez nombreuses, les Kirghizes, les Tatares, les Bouriates et les Toungouzes prédominent dans les régions plus désertes, plus sauvages, telles que la zone des « toundras » polaires et la steppe kirghize. Là, l'élément russe forme à peine le quart de la population.

La colonisation de la Sibérie a un trait caractéristique qu'on ne rencontre nulle part au même degré chez les autres peuples colonisateurs : elle est strictement nationale. Elle commence avec le règne du tsar Ivan IV le Terrible. C'est, en effet, en l'automne de 1580, que l'ataman Yermak, ayant franchi l'Oural avec une petite troupe de Cosaques, pénètre dans l'intérieur des terres en suivant les affluents de l'Irtych et s'empare de la ville d'Isker. Dans un nouveau combat, en 1584, il est tué, mais les Tatares sont battus et les Russes peuvent, dès lors, s'avancer dans le cœur de la Sibérie. Les conquérants deviennent les premiers colons. Les bandes de Cosaques s'avancent sondant les espaces encore inconnus; de place en place, ils s'arrêtent, fondent des villages qu'ils fortifient, où ils rassemblent des approvisionnements; puis de nouvelles bandes pénètrent plus loin sans rencontrer une résistance sérieuse de la part des populations très clairsemées et plus ou moins nomades de ces contrées. À la fin du xvie siècle, des détachements russes occupent déjà les vallées de l'Irtych et de l'Obi, depuis la rivière Kety jusqu'à l'Océan Glacial, et ont fondé dix villes, dont Tobolsk. Au xviie siècle, les Russes conquièrent les bassins de l'Ienisseï et de la Léna; ils explorent les mers polaires, ils annexent le Kamtschatka. Dès 1644, ils apparaissent sur les bords de l'Amour; mais les Mandchoux résistent énergiquement, d'abord à l'expédition de Poarkov qui parvient jusqu'à la mer d'Okhotsk en suivant le fleuve, puis au détachement des Cosaques que le commerçant Khabarov a organisé à ses frais et qui réussit à occuper tout le cours de l'Amour jusqu'au moment où le traité de 1689 met fin à la lutte entre les Chinois et les Russes. Ceux-ci renoncent provisoirement à occuper le bassin de l'Amour, et n'y reparaissent que beaucoup plus tard, lors de l'expédition du capitaine Nevelsky, laquelle est suivie, en 1858, de la signature du traité d'Argoun, qui donne à la Russie la rive gauche de l'Amour, depuis la rivière Argoun jusqu'à l'Océan Pacifique. Enfin, en 1860, le comte Nicolas Ignatiev obtient la cession par la Chine de tout le bassin de l'Oussouri jusqu'aux frontières de la Corée. En même temps, la Russie s'avance dans l'Asie centrale et achève, dans le sud-ouest de la Sibérie, la soumission des peuplades nomades kirghizes contre lesquelles elle bâtit des villes fortes, telles que Omsk, Petropavlosk et Biisk, et établit une série de nombreux postes cosaques.

« Le peuplement de la Sibérie a marché de pair avec sa conquête[1]. Dans la région du centre, les émigrants ne rencontrant pas

---

1. Comité du chemin de fer transsibérien. *Aperçu de l'histoire de la colonisation en Sibérie*, publié par la chancellerie du Comité des Ministres (Paris, impr. P. Dupont, 1900), p. 9.

d'obstacle de la part de la population indigène soumise entièrement à la Russie, la colonisation fut plus rapide que dans le sud-ouest, où, jusqu'à la moitié du xvi⁰ siècle, les Russes durent soutenir une lutte opiniâtre contre les Kirghizes. Ce n'est pas seulement les différences naturelles que présentent les diverses régions sibériennes qui ont influé sur le peuplement de la contrée; d'autres causes méritent d'être prises en considération. A différentes époques, le gouvernement russe a modifié sa manière de voir à l'égard de la colonisation de la Sibérie, de même que se sont opérés des changements dans les raisons qui déterminaient la migration dans cette contrée des colons de la Russie d'Europe. Au xvii⁰ siècle, la colonisation de la Sibérie était considérée comme moyen politique propre à établir un lien entre l'État moscovite et ses nouvelles possessions, et, dans cet ordre d'idées, on apportait une attention particulière à la création de points fortifiés; dans le siècle suivant, c'est le côté économique de la colonisation qui est passé au premier plan. On a pris des mesures pour peupler les pays situés sur les routes, de manière à en faciliter le parcours, on s'est occupé d'augmenter la population des localités où se trouvent des exploitations minières, afin de favoriser le développement de cette industrie. Enfin, au xix⁰ siècle, le gouvernement s'est proposé simultanément deux buts : arriver au peuplement des vastes espaces inhabités de la Sibérie, tout en régularisant le mouvement d'émigration des colons de la Russie d'Europe, mouvement qui s'était notablement accentué depuis la suppression du servage en 1861. La réalisation définitive de ces projets n'a pu avoir lieu que dans ces dernières années, grâce à l'activité du comité de chemin de fer de Sibérie. »

La mise en valeur, la colonisation de ces immenses espaces exigeaient de grands, de bons, de nombreux moyens de communication. La nature avait bien préparé les voies en dotant ces régions de larges fleuves. Malheureusement, ces cours d'eau aboutissent aux mers du pôle; ils gèlent et ne sont souvent utilisables que pendant la saison d'été, quand leurs embouchures sont libres des glaces qui les obstruent pendant une partie de l'année. Et les routes créées par la main de l'homme étaient insuffisamment aptes à favoriser l'essor d'une colonisation rapide.

Lorsque la domination russe se fut étendue jusqu'aux rivages de la mer Jaune où les glaces n'arrêtent pas la navigation pendant l'hiver, l'empereur Alexandre III comprit combien il serait avantageux pour son pays de joindre ces ports à la Russie d'Europe par une voie rapide, tout à la fois stratégique et commerciale, et conçut le hardi projet de construire un chemin de fer qui traverserait toute l'Asie de l'ouest à l'est. L'entreprise était colossale, sans précédent ; son ampleur, les mille difficultés qu'elle devait rencontrer dans sa mise à exécution n'effrayèrent pas un instant l'Empereur qui, le 17 mars 1891, signa le rescrit impérial par lequel il confiait au grand-duc tsésarevitch Nicolas Alexandrovitch (l'Empereur actuel) le soin de poser sur le littoral russe de l'océan Pacifique les fondations du premier tronçon du chemin de fer qui serait le Grand Transsibérien. Deux mois plus tard les travaux étaient commencés, et, le 19 mai, le grand-duc tsésarevitch posait à Vladivostok la première pierre du Transsibérien. Ces deux dates (17 mars et 19 mai 1891) feront époque dans l'histoire intérieure de la Russie en même temps qu'elles rappelleront l'un des plus beaux titres de gloire des souverains qui ont attaché leur nom à cette œuvre de paix et de progrès.

Décidée et commencée avec une rapidité surprenante, cette entreprise n'a subi aucun ralentissement dans son exécution, si bien qu'en 1900, après seulement neuf années de travaux, il y eut 5,400 kilomètres de rails posés, soit une moyenne de 600 kilomètres par an, ou 1 kilom. 200 mètres par jour.

Malgré leur éloquence ces chiffres donnent une idée très imparfaite des difficultés surmontées. Or elles étaient légion et pouvaient sembler presque invincibles. Ici le sol était recouvert d'immenses marais au milieu desquels il fallait établir une voie solide; là des steppes sans fin semblaient défier l'audace de l'homme; ailleurs des chaînes de montagnes se dressaient comme des remparts infranchissables; partout des cours d'eau, souvent des fleuves énormes barraient le passage, nécessitaient la construction d'ouvrages d'art à la fois longs et très onéreux; le climat, très rude, était glacial en hiver, torride en été ; il fallait amener de très loin tous les matériaux, les rails, les plaques tournantes, les éléments des ponts, les wagons, les locomotives, etc., etc. Un simple détail suffit d'ailleurs pour montrer ce qu'ont été les travaux d'art : la longueur de la totalité des ponts dépasse le chiffre de 48 kilomètres et certains ponts ont une importance exceptionnelle, comme celui de l'Iénisseï qui a 895 mètres de longueur et des travées de 150 mètres.

Pour le tracé de la ligne on a adopté le plus court; il correspond à peu près, sur une grande partie du parcours, au 55ᵉ parallèle et présente le double avantage de passer dans la zone la plus peuplée et la plus fertile de la Sibérie et de réduire au minimum les frais de premier établissement et de transit. Les deux terminus, par lesquels on a entrepris à la fois la construction de la ligne, sont, à l'est, Vladivostok, et, à l'ouest, Tchéliabinsk, chef-lieu du district de la province d'Orenbourg et dernière station du chemin de fer de Samara à Zlatooust.

Le 10 décembre 1891, l'empereur décida que les travaux du Transsibérien seraient divisés en trois périodes. La première comprenait la construction de la partie de la ligne allant de Tchéliabinsk à Irkoutsk (3,319 kilom.). La section de Tchéliabinsk à Krasnoïarsk devait être finie en 1896 et celle de Krasnoïarsk à Irkoutsk en 1900. Elle serait complétée, en 1894, par un embranchement sur Ekaterinbourg, et, en 1894-1895, par une section de Vladivostok à Grafsk. Enfin un embranchement reconnu indispensable par le Ministère de l'agriculture et des domaines devait réunir le chemin de fer de l'Oural à la ligne sibérienne. Dans la seconde période était classée la construction de la section de Grafsk à Khabarovsk (375 kilom.) et de la section de Myssovaïa, au bord du lac Baïkal, jusqu'à Stretensk (1,087 kilom.). La ligne baïkalienne (314 kilom.) et la section de Stretensk à Khabarovsk (2,154 kilom. environ) étaient réservées pour la 3ᵉ période.

L'année 1896 vit aussi la fondation de la Banque Russo-chinoise qui obtint du gouvernement chinois la concession et l'exploitation d'une voie ferrée dans les confins de la Mandchourie sous le nom de « Chemin de fer chinois-oriental ». Cette ligne, qui s'embranche sur le Grand Transsibérien, a permis d'ajourner pour quelque temps la continuation de la ligne transbaïkalienne de Stretensk vers l'est. Les derniers événements provoqués par la révolte des Boxers et par l'intervention des troupes européennes en Chine ont eu pour conséquence un ralentissement et quelques modifications dans la construction de cette voie ferrée. Mais les travaux vont être repris à la suite d'un accord intervenu le 31 décembre dernier entre les Russes et le général tatare Tseng.

Le total général des dépenses de construction du chemin de fer de Sibérie et de celui de l'Est chinois, en y comprenant tous leurs embranchements et leurs entreprises auxiliaires, est évalué devoir s'élever, en chiffres ronds, à 2,125,000,000 de francs. Les dépenses effectuées jusqu'à la fin de l'année 1900 étant d'environ 1,706,000,000 de francs, on voit que cette entreprise gigantesque ne tardera pas à être terminée dans les conditions et les délais qui avaient été originairement prévus.

Avant d'indiquer les résultats déjà obtenus par le chemin de fer, nous devons jeter un rapide coup d'œil sur les régions qu'il traverse et sur les ressources que celles-ci possèdent.

La Sibérie occidentale, c'est-à-dire les bassins de l'Ob et de l'Irtych avec les districts transouraliens des gouvernements de Perm, d'Oufa et d'Orenbourg, contient plus de 1,500,000 kilomètres carrés de terres cultivables. Ces immenses plaines, couvertes d'un sol alluvial et fort bien arrosées par ces deux fleuves et leurs nombreux affluents, conviennent tout à fait à la colonisation et sont traversées par le chemin de fer sur un parcours d'environ 1,600 kilomètres. Dans l'angle sud-est, au contraire, s'étend un pays montagneux, dix fois grand comme la Suisse. C'est le cercle minier de l'Altaï, lequel, connu aussi sous le nom de « Terres du Domaine privé », est la propriété de l'Empereur. Sur les hauts sommets de ces montagnes les roches cristallines (granit, porphyre, syénite, schistes métamorphiques cristallins, etc.) dominent, tandis que plus bas les couches de roches sédimentaires appartiennent aux formations paléozoïques (siluriennes supérieures, dévoniennes et houillères). Dans les vallées et sur le versant nord-ouest de l'Altaï, il existe au moins 800 mines. Parmi les plus riches nous citerons les mines de plomb argentifère de Zméïao-gorsk, de Zyrianovsk et de Salairsk, les mines de cuivre de Sougatovsk et de Tchoudak, les gisements aurifères du gouvernement de Tomsk (ils donnent annuellement une moyenne de 1,866 kilogrammes d'or et occupent jusqu'à 10,000 ouvriers), les mines de fer de Telbes, les carrières de pierres de couleur dites les Fondrières de Gorgone, des salines, etc. Quant à la houille, qui est d'excellente qualité, elle couvre une superficie de 45,000 kilomètres carrés entre les chaînes de Kousnietski-Alataou et de Salaïr; mais on ne l'extrait encore qu'à Koltchougansk. Cette région se divise en deux zones : l'une est couverte de bois de haute futaie, l'autre est agricole. La population est composée surtout (96 p. 100) de Russes émigrés. Elle se livre à l'agriculture (récolte moyenne, 40,000 hectolitres de céréales), à l'apiculture (plus de 700,000 ruches) et elle élève beaucoup de chevaux, de bœufs, de rennes. Ce dernier élevage est fort important dans la zone polaire où il dépasse le chiffre de 177,000 têtes. Enfin les pêcheries, la chasse, les industries du bois, des usines nombreuses, des distilleries, des minoteries, etc., sont encore une source de grands profits pour la population.

La Sibérie centrale comprend les gouvernements d'Iénisseisk et d'Irkoutsk, c'est-à-dire un espace de 3,280,000 kilomètres carrés qu'arrosent de grands fleuves comme l'Iénisseï, l'Angara, la Taïmyr, la Khatanga et la Léna supérieure. Toute la partie méridionale de cette région est formée par de hautes et longues chaînes de montagnes, les monts Saïanes et les Tannou-Ola, et par deux autres chaînes parallèles entre lesquelles s'étend le Baïkal, le plus grand lac du monde. Les roches cristallines couvrent les crêtes principales des Saïanes et de leurs rameaux dont les flancs se composent de grès, de schistes et de calcaires appartenant à des formations paléozoïques : siluriennes, dévoniennes et houillères. Plus au nord on rencontre des affleurements de formation secondaire et surtout triasique.

Dans le gouvernement d'Iénisseisk il existe des lits de graphite, de beaux gisements de plomb argentifère et de cuivre, du minerai de fer d'excellente qualité dans le cercle de Minoussinsk, de la magnétite sur l'Oka, des lapis-lazuli le long de la Sludianka. Quant aux couches de houille elles abondent, surtout entre Krasnoïarsk et Atchinsk, au sud et au nord-ouest de Krasnoïarsk, le long du pied des monts Kouznietzki-Alataou et sur la Nijni-Toungouzka.

Dans la Sibérie moyenne, à cause de la nature montagneuse, rocheuse ou marécageuse du sol, la colonisation agricole ne dispose guère que de 300,000 kilomètres carrés de terres propres à la culture, sur lesquels 800,000 hectares ensemencés en céréales produisent 10 millions d'hectolitres de blé. Par contre, l'élevage du bétail est de première importance, car on compte 750,000 chevaux, 800,000 bêtes à cornes et 1,200,000 petits animaux domestiques pour une population agricole de 850,000 âmes dans laquelle les Russes ne figurent que pour 25 p. 100. Les forêts couvrent d'immenses territoires où le gibier abondait autrefois; mais, à la suite d'une exploitation sans frein, la chasse de certaines espèces tend à devenir moins fructueuse. Les industries forestières sont très prospères, surtout dans les contrées voisines des villes, des fabriques et des rivières flottables. De même les pêcheries établies sur les bords du lac Baïkal et dans les grands fleuves de la Sibérie orientale restent une grande ressource pour l'alimentation de la population et fournissent les éléments d'un trafic sérieux. La chasse et la pêche occupent environ 60,000 travailleurs.

Dans le gouvernement d'Irkoutsk, on trouve du charbon de terre sur l'Oka près de Ziminsk et le long de l'Angara près d'Oussolié, de riches lits de graphite dans les Alpes Tounkiski et dans le district de Touroukhansk, du sel gemme sur les bords de l'Iénisseï, ainsi que d'abondantes sources salines et des lacs salins. Mais la principale richesse, ce sont les sables aurifères, qui, exploités dans 260 mines de la zone des forêts et dans 120 mines de la zone agricole, occupent 10,000 ouvriers et produisent, en année moyenne, 3,444 kilogrammes d'or. L'industrie manufacturière est très avancée; elle procure du travail à environ 8,000 ouvriers. Moitié de ceux-ci sont aux hauts fourneaux et usines de Nikolaievsk et de Novokolaievsk; les autres sont dispersés dans des fabriques de faïence et de porcelaine, dans des verreries, des fours à chaux, des distilleries, des minoteries, des fabriques de cuir, de suif, de savon, etc.

La région de Iakoutsk comprend la plus grande partie de la vallée de la Léna ainsi que les bassins de l'Olének, de l'Iana, de l'Indiiguïrka, de l'Alazea et de la Kolyma. Assez accidenté, ce territoire de 3,900,000 kilomètres carrés est encore peu pénétré par la colonisation russe. Sur une population de 260,000 habitants, il n'y a, en effet (les 6,000 déportés compris), que 20,000 Russes. Quant aux aborigènes, ce sont presque tous des Iakoutes qui vivent des produits de l'élevage, de la chasse, de la pêche et très peu de l'agriculture, car, pour celle-ci, le climat est trop rigoureux et trop froid. C'est par milliers, quelquefois par centaines de mille, que l'on apporte au marché d'Iakoutsk, l'écureuil, le lièvre, l'hermine, le renard bleu, le renne, l'élan, l'ours, etc.; malheureusement, les célèbres zibelines d'Iakoutsk commencent à devenir de plus en plus rares à la suite de chasses abusives. Dans la chaîne des monts Stanovoï et des monts Aldansk, les granits, les roches cristallines, les syénites, les gneiss, les diorites, les diabases dominent, tandis que, dans d'autres chaînes, comme celle des

Vilnisk, on rencontre des roches sédimentaires qui appartiennent, soit à des formations paléozoïques, soit à des formations secondaires et tertiaires. Les richesses minérales sont nombreuses, mais très disséminées. Parmi les plus considérables, il convient de ranger les mines de sel gemme du cercle de Vilnisk, les minerais de fer de Tanguinsk, ceux de Botomsk sur la Botoma, les gisements de limonite et d'hématite de Kangalask, du Menguinsk, du Baiagaataisk et d'Anguiansk, tous exploités par les Iakoutes. Grâce à ses richesses minérales et au combustible qui abonde dans cette zone forestière, la province d'Iakoutsk devrait posséder une industrie prospère. Mais les communications étant fort difficiles et la population étant insuffisante, il n'existe réellement qu'une seule grande industrie : l'exploitation des sables aurifères, laquelle occupe environ 25,000 travailleurs qui, répartis entre plus de cent mines dans les cercles d'Oléminsk et de Vitimsk, extraient tous les ans de 1,000 à 1,150 kilogrammes d'or.

La province de l'Amour maritime (territoire de 2,875,000 kilom. carrés) est divisée par la nature en quatre contrées bien distinctes : la Transbaïkalie, le bassin de l'Amour, le pays de l'Oussouri, et le Kamtchatka-Okhotsk.

La Transbaïkalie est traversée dans le sens de sa longueur par les monts Stanovoï dont les diverses chaînes contiennent des affleurements de roches cristallines, de granits, de gneiss avec parfois des diabases, des trachytes et des basaltes. Quant aux roches sédimentaires on y constate la présence de formations paléozoïques, secondaires et tertiaires. Les richesses minérales sont très grandes. La plus exploitée jusqu'à présent est celle des sables aurifères et les 6,000 mineurs du seul cercle de Nertchinsk tirent en moyenne de ces placers pour 4 à 5 millions de roubles d'or. Ce même cercle contient aussi beaucoup de minerais d'argent plombifère, mais sur 90 mines que l'on connaît, on ne travaille que dans 10; et, parmi les nombreux minerais de fer, on n'utilise maintenant que ceux de Baliaguinsk. L'état économique de la région fait négliger les autres, de même qu'on laisse de côté les minerais de cuivre, de mercure, de soufre, de zinc, bien que ce dernier gisement soit unique sur le territoire russe. Enfin, à côté de quelques usines pour le sel, la soude, le verre et surtout les ciments, on trouve des minoteries à vapeur, des distilleries, des brasseries et des fabriques d'eaux-de-vie, de peaux, de stéarine et de savons.

Grâce à la clémence relative du climat, la population est ici plus dense. Sur 664,000 habitants, 77 p. 100 sont Russes. Le reste se compose de Toungouses et surtout de Bouriates qui se livrent à l'élevage. Ce dernier est le plus considérable de toute la Sibérie, car on compte 650,000 chevaux, 1,300,000 grosses bêtes à cornes, 1,500,000 têtes de menu bétail, 10,000 chameaux et un nombre assez grand de rennes. Les plaines, composées de terre noire, sont fertiles et favorables à la culture sur une étendue de 250,000 kilomètres carrés. Les forêts, qui couvrent au moins 5,550,000 hectares, constituent une réserve importante pour les industries forestières de l'avenir ; aujourd'hui elles sont surtout précieuses pour la chasse et fournissent des peaux d'écureuils, des bois de daims, des pelleteries diverses qui sont recherchées par le commerce. Les eaux ne sont pas moins utiles aux habitants qui en tirent de beaux bénéfices, puisque, dans les seuls districts de Bargousinsk et de Selenguinsk, il est pêché tous les ans plus de 7 millions de saumons.

Le *Pays de l'Amour* forme la seconde partie de la région de l'Amour maritime. Il est couvert par les rameaux des monts Stanovoï et par d'autres chaînes telles que le petit Khingane dont les sommets sont formés de granits, de roches cristallines ; plus bas on rencontre les roches sédimentaires de formation paléozoïque, et, le long de l'Amour, de la Zéïa et de la Bouréïa, les formations tertiaires. L'Amour n'est pas seulement un des trois fleuves colossaux de l'Asie, il est surtout l'artère vitale de cette région montagneuse et, pour l'instant, son unique voie de communication. Il est aussi très précieux pour les habitants qui vivent sur ses bords, car il nourrit dans ses eaux une énorme quantité de poissons dont quelques espèces, comme le brochet et l'esturgeon atteignent une taille colossale et dont certains individus pèsent jusqu'à 750 kilogrammes. La chasse est aussi très importante. Si le pays trop humide ne peut guère offrir qu'un sixième de son étendue qui soit propice à la colonisation agricole, par contre les forêts couvrent plus de 30 millions d'hectares. Ces immenses espaces nourrissent des élans, des kabarges, des lièvres, etc., et servent de passage aux chevreuils qui, descendant du nord en quantités innombrables, se dirigent vers la Mandchourie. On y chasse aussi pour leurs peaux l'ours, le tigre, le loup, le renard, l'écureuil, le putois et la zibeline. L'industrie, par contre, est fort pauvre. Elle se concentre presque tout entière dans les mines d'or qui occupent jusqu'à 15,500 personnes et qui donnent en moyenne 7,000 kilogrammes d'or chaque année. Si l'on y ajoute une fonderie de cuivre, une fonderie de fer, quelques moulins à vapeur, une distillerie et deux brasseries, on a la liste à peu près complète des usines sérieuses de ce pays.

La contrée de l'Oussouri et du Littoral occupe la partie méridionale de la province du Littoral. Elle est parcourue par la longue chaîne des monts Sikhété-Aline où l'on rencontre des affleurements de roches cristallines, des roches plutoniennes, du trachyte, du basalte, avec des gisements d'argent plombifère et de riches minerais de fer. Vers son extrémité sud est située la ville de Vladivostok, d'où part aujourd'hui le chemin de fer transsibérien. Le sol, très humide, couvert de marais et de forêts, est peu favorable à l'agriculture; celle-ci cependant, sur une population de 218,000 âmes, occupe 25,000 travailleurs adultes du sexe masculin et produit les céréales nécessaires à la consommation locale, mais l'élevage ne peut répondre à tous les besoins. La chasse a ici la même importance que dans la région de l'Amour, et la pêche, qui est infiniment plus développée encore, donne lieu à un commerce d'exportation très sérieux avec la Chine. Sauf l'or, dans le district d'Oudskoï, nul métal n'est exploité et les quelques usines et fabriques qui existent sont assez insignifiantes en dehors des distilleries. Quant au charbon de terre, dont il y a des gisements dans l'île Sakhaline qui dépend de cette région et qui sert aujourd'hui de lieu de déportation pour les criminels, on a commencé à l'extraire en 1890. L'Oussouri-Littoral a comme plus grand avantage sa situation géographique. Placé entre la mer du Japon, la Corée et la Mandchourie, il est un centre d'importation et d'exportation aussi bien par sa frontière terrestre que par le port de Vladivostok dont la population civile dépasse déjà le chiffre de 30,000 habitants.

L'Okhostko - Kamtchatka possède un territoire immense (12,160,000 kilom. carrés), mais très défavorable à la colonisation à cause de ses conditions climatériques. Aussi n'y trouve-t-on qu'une population d'environ 30,000 habitants dont les 80 p. 100 sont formés de peuplades aborigènes qui vivent des produits de la pêche, de la chasse et de l'élevage du renne.

Les steppes kirghizes (c'est-à-dire le pays qui sépare du Turkeslan la Sibérie proprement dite) ont une étendue de 1,850,000 kilomètres carrés et contiennent de vastes plaines ainsi que des massifs montagneux. Dans certaines parties elles manquent d'eau, et, composées tantôt de sables, tantôt de plateaux argileux calcaires, elles constituent de véritables déserts inhabitables. Dans d'autres parties, au contraire, ce ne sont qu'immenses marécages dont les eaux saumâtres n'ont point d'écoulement naturel. Le gouvernement russe a décidé de rendre ces déserts habitables et y a exécuté de grands travaux. C'est ainsi, qu'au commencement de 1900, le Ministère de l'agriculture avait déjà fait forer plus de 1,000 puits dans la steppe d'Ichim qui manquait de sources, tandis qu'il avait fait creuser plus de 700 kilomètres de canaux d'assèchement dans la steppe marécageuse de Baraba. Malgré toutes ces conditions défavorables la population s'élève au chiffre de 2,500,000 habitants dont 24 p. 100 sont de race russe. Elle compte un certain nombre de cultivateurs, mais l'élevage est la plus grande ressource des Kirghizes qui possèdent environ 14 millions d'animaux domestiques dont la majeure partie se compose de chevaux, de brebis et de chameaux. La pêche, qui emploie 8,000 ouvriers, est très rémunératrice; elle donne cependant des produits moins magnifiques que la chasse à laquelle tous se livrent, Kirghizes et Cosaques. L'industrie aussi est assez active et occupe 8,000 personnes dans les mines de la seule marche de Semipalatinsk. Les minerais abondent. On rencontre le sable d'or dans les monts Koktchétavsk et Kolbinsk, le minerai d'argent plombifère dans les districts d'Akmolinsk, d'Atbassark, de Pavlodar et de Zaïsane, le cuivre, le manganèse, le fer, dans le district de Karkaralinsk et surtout la houille, dont le plus puissant gisement, à Ekibastous, a 12 kilomètres de longueur sur 3 à 4 kilomètres de largeur. Enfin 2,000 ouvriers travaillent à l'extraction du sel. Quant aux usines et manufactures elles n'ont encore qu'une importance secondaire; à leur tête se placent les industries des graisses, des savons, des cuirs, puis viennent la meunerie, la distillerie, les brasseries et les fabriques d'hydromel.

Dès les premières années du xviiie siècle les Russes avaient commencé à étudier scientifiquement leurs conquêtes en Asie[1], et

1. Pierre le Grand fait construire des navires par les prisonniers de guerre suédois et établit des communications maritimes entre la mer d'Okhotsk et le Kamtchatka. Puis, en 1719, le Dr Messerschmidt dirige la première exploration scientifique de la

certaines de leurs explorations ont fait époque dans la science géographique. Mais c'est au XIXᵉ siècle que, de plus en plus nombreuses, celles-ci amènent de grands résultats. Dans ces derniers temps elles ont été dirigées vers la zone méridionale de culture agricole de la Sibérie, destinée par la nature elle-même à jouer un rôle très important dans la colonisation sibérienne.

Toutes ces expéditions devaient recevoir une impulsion commune, avaient besoin d'une même direction, car les études entreprises touchaient aux problèmes les plus complexes, nécessitaient les travaux les plus divers. On voulait examiner de près le genre de vie des peuplades aborigènes, connaître les conditions économiques de la vie de la population rurale russe établie déjà en Sibérie, rechercher la constitution géologique des contrées traversées par la ligne du chemin de fer transsibérien, savoir quelles étaient les ressources naturelles de ces régions, développer l'agriculture et l'industrie, assurer la réussite de la colonisation, etc. C'est dans ce but que l'on créa en 1891, la haute institution gouvernementale désignée sous le titre de « Comité du chemin de fer transsibérien ». Ce dernier est présidé par l'Empereur en personne. Il se compose des ministres (intérieur, finances, guerre, agriculture et domaines privés, voies de communication, marine) et du contrôleur de l'Empire. A ces hauts dignitaires on adjoint comme membres du comité le secrétaire d'État, A. Koulomzine,

Sibérie. Celle-ci est bientôt suivie d'autres entreprises analogues dont la plus importante, la grande expédition scientifique sibérienne, dure de 1733 à 1743 et nous laisse la *Description du Kamtchatka*, par Steller, la *Description de la Flore sibérienne*, par Gmelin, et une *Histoire de l'Empire de Sibérie*, par Miller. De 1760 à 1770, le commerçant Lakhof découvre les îles Novo-Sibériennes, et de 1770 à 1774 a lieu la célèbre expédition des académiciens Pallas et Lépiokhin. Enfin, en 1789, l'industriel Pribilof découvre dans la mer de Behring une île à laquelle il donne son nom et qui est devenue le centre de l'exploitation des fourrures d'ours marins.

Au XIXᵉ siècle, les expéditions scientifiques se succèdent sans arrêt. Après Hédenstrom qui, en 1809, part explorer les îles Novo-Sibériennes, nous voyons, de 1815 à 1820, les navigateurs russes Kotzebu, le comte Litké, le baron Wrangel et Anjou, explorer l'Océan Glacial et la mer de Behring. Puis, en 1826, l'expédition de Ledibour, de Mayer et de Bunge étudie la flore si caractéristique de l'Altaï pendant que de Humboldt, de Rosé et d'Erenberg, envoyés par l'empereur Nicolas Iᵉʳ, s'occupent de la composition géologique de ce plateau, et que, de 1842 à 1845, Tchikhatchof, dans le sud-est de l'Altaï, et Middendorf, dans la péninsule de Taïmir et sur le littoral de la mer d'Okhotsk entreprennent deux voyages de première importance. Plus tard, l'astronome Schwartz, le naturaliste Raddé, le géologue Schmidt, le zoologue Schrenk, les botanistes Maak et Maksimovitch parcourent et étudient la Sibérie orientale pendant que la Section locale de la Société impériale russe de géographie prend l'initiative de plusieurs autres explorations scientifiques. Enfin, les Sémionof, les Sévertsof, les Vénioukof, les Fedtchenko, les Potanine, les Prjévalski, les Bogdanovitch, etc., explorent la partie de l'Asie centrale nouvellement annexée.

qui est chargé de diriger les affaires du comité, le secrétaire d'É-
tat, J. Dournovo, les aides de camp généraux P. Vannowsky et
N. Tchikhatchow. Enfin, dans certains cas particuliers, on con-
voque les ministres de la Cour impériale, de la justice, des affaires
étrangères et les gouverneurs généraux de la Sibérie.

La chancellerie du comité des ministres concentre la gestion
des affaires du comité du chemin de fer; mais l'élaboration préa-
lable de toutes les questions qui ont trait à la colonisation sibérienne ou aux entreprises auxiliaires du Grand Transsibérien est
confiée à une commission préparatoire qui, présidée par le secrétaire d'État Koulomzine, est composée de représentants des diffé-
rents ressorts de l'administration.

La colonisation a passé par des phases diverses. « La colonisation des paysans, dit M. Labbé[1], est due à l'abolition du servage.
Le mouvement de migration depuis 1861 a constamment aug-
menté; mais ce n'est qu'en 1880 qu'on pensa à donner une forme
régulière à ce mouvement; dès 1865, pourtant, une loi avait permis aux paysans de s'établir dans le district de l'Altaï, sur les
terres du Cabinet impérial; un grand nombre d'ailleurs passèrent
souvent l'Oural sans y avoir été dûment et préalablement autori-
sés. La loi de 1881 autorise l'émigration des paysans qui pouvaient
y être poussés par leur situation économique : on désignait aux
colons des terrains libres dans la Russie d'Europe (gouvernement
d'Oufa, par exemple) et dans la Sibérie. La loi de 1887 ouvrit l'é-
migration à tous les individus de la classe des paysans et des petits
bourgeois. On leur promettait des secours pendant le voyage, des
avances remboursables pour les premiers frais d'établissement.
Le résultat de ces lois se fit bientôt sentir. Les émigrants qui, en
1885, avaient atteint le chiffre de 9,700, furent 33,700 en 1890,
et plus de 60,000 en 1891.

« Les paysans viennent de toutes les provinces de la Russie d'Europe; pourtant certaines fournissent un nombre plus considérable d'émigrants: ce sont notamment celles de Vitebsk, de Kher-
son, de Tchernigov, de Poltava, de Kalouga, de Smolensk, de
Koursk et de Viatka.

« Il existait déjà parmi les futurs émigrants une habitude qui
s'est très heureusement développée: c'est l'envoi d'un délégué en

1. Paul Labbé, *La Colonisation russe en Sibérie* (*Questions diplomatiques et colo-
niales*, 1900, p. 611-612).

Sibérie, chargé de s'assurer de la facilité de vivre et des moyens d'existence dans la région choisie par les émigrants. Le délégué, qui décide de l'endroit où s'élèvera le nouveau village, bénéficie d'un transport gratuit pendant son voyage et jouit de tous les privilèges accordés aux paysans émigrants. Le comité du chemin de fer fait des avances en argent, mais, ce qui vaut mieux encore, il a créé des dépôts où les paysans trouvent à bon prix les objets indispensables. »

Pour assurer aux émigrants les terres dont ils ont besoin, le Ministre de l'agriculture et des domaines a créé des commissaires-arpenteurs qui ont pour mission de rechercher tous les terrains propres à l'agriculture et suffisamment munis d'eau. Sur 6,274,379 hectares ainsi lotis, 4,696,533 étaient déjà occupés au commencement de 1900. Tout individu qui émigre en Sibérie avec l'autorisation du gouvernement reçoit 16 hectares 387 m. de ces terres ; en outre il est exempt de tout impôt pendant trois ans ; il paye demi-impôt pendant trois autres années, et il obtient un sursis de trois ans pour l'accomplissement du service militaire. Mieux partagés encore sont ceux qui vont se fixer dans le territoire de l'Amour et dans le Territoire maritime, car ils reçoivent 109 hectares par famille avec libération entière d'impôts et de toute prestation de service envers l'État pendant vingt ans.

Tous ces gens voyagent dans des wagons construits spécialement pour eux ; et, quand ils arrivent à Tchéliabinsk, la première gare de la ligne sibérienne, ils subissent une inspection médicale. Là on retient tous ceux que l'on reconnaît atteints de maladies contagieuses. Accompagnés pendant tout le trajet par des aide-chirurgiens qui leur donnent gratuitement les soins et les médicaments dont ils ont besoin, les émigrants peuvent s'arrêter dans 30 stations ; là ils trouvent des baraquements chauffés où ils achètent, à prix de revient, leurs aliments, et reçoivent ceux-ci à titre gratuit s'ils sont enfants, malades ou nécessiteux.

Ces mesures intelligentes et humanitaires du comité ont beaucoup favorisé le mouvement d'émigration qui, depuis ce moment, est devenu considérable ainsi que le montre la statistique suivante :

Ont émigré en Sibérie en	1893....	65,000 individus.	1897....	87,000 individus.
	1894....	76,000 —	1898....	206,000 —
	1895....	109,000 —	1899....	225,000 —
	1896....	203,000 —		

Soit ensemble 971,000 personnes des deux sexes. Si l'on y ajoute 25,000 autres émigrants que la flotte nationale indépendante a transportés dans la région de l'Oussouri, nous voyons que le total général s'élève à 996,000 émigrants. Mais l'on aurait tort de considérer ce total comme un chiffre absolu, car il ne comprend pas l'immigration arbitraire, c'est-à-dire celle qui s'effectue en dehors de toute action gouvernementale. Très importante autrefois, puisqu'au commencement de XIXe siècle, dans la seule Sibérie occidentale, on comptait plus de 600,000 Russes qui s'y étaient arbitrairement fixés, cette immigration arbitraire échappe à tout contrôle, mais l'on a constaté qu'elle devient, d'année en année, de plus en plus faible, grâce aux mesures prises pour l'enrayer.

Au point de vue de l'exploitation le Grand Transsibérien a obtenu dès le début des résultats qui ont dépassé de beaucoup les prévisions les plus optimistes. Depuis octobre 1895, date des premiers transports exécutés sur les tronçons de la ligne livrée à la circulation dans la Sibérie centrale, jusqu'en 1899, époque à laquelle toute la ligne de Tchéliabinsk à Irkoutsk a été affectée au service, il a été transporté :

En 1895 (3 mois)	211,000 voyageurs,		57,000 tonnes de marchandises.		
1896........	417,000	—	184,000	—	—
1897........	600,000	—	443,000	—	—
1898........	1,049,000	—	700,000	—	—
1899........	1,075,000	—	657,000	—	—
Total...........	3,352,000 voyageurs,		2,041,000 tonnes de marchandises.		

Les marchandises transportées peuvent être divisées en trois catégories et se classent dans l'ordre suivant d'après leur importance relative :

1° Marchandises exportées : les céréales (qu'on expédie ensuite à l'étranger par les ports de Réval, de Libau, de Saint-Pétersbourg et de Riga); le gibier et la volaille ; le beurre (qu'on expédie surtout à Londres dans des wagons glacières); les suifs; les peaux; les laines; les œufs.

2° Marchandises de transit, en tête desquelles se place le thé.

3° Marchandises importées en Sibérie : le fer brut ou ouvré; le sucre; les machines; le pétrole; les objets manufacturés.

L'accroissement du transport n'a cessé d'être progressif. Il est certain qu'il augmentera encore dans de très grandes proportions, aussitôt que la ligne magistrale mettra en communication ininterrompue l'Europe, le Grand Océan et l'Asie orientale. « Entrant[1] en rapports immédiats avec le réseau des chemins de fer de toute la Russie, traversant sur une étendue d'environ 10,000 verstes l'Empire de Russie, passant par des contrées cultivées et industrielles situées sur une bonne partie de cette immense étendue, et réunissant entre eux les centres de commerce et d'industrie, le chemin de fer ouvre de nouvelles voies et de nouveaux horizons aux relations et au commerce, tant de la Russie que de l'univers entier. Avec cela, il faut prendre en considération que la Chine, le Japon et la Corée, dont les populations réunies s'élèvent à plus de 460 millions d'âmes, et dont les opérations du moment dans le commerce international ne s'élèvent qu'à une somme de 500 millions de roubles en or, sont encore loin d'avoir développé leurs relations commerciales avec l'Europe en vertu des conditions naturelles dans lesquelles ils se trouvent; mais lorsque sera terminée la construction de la ligne mandchourienne, on peut être assuré que leur échange commercial s'agrandira de beaucoup, sur le marché international, grâce à l'aide de la grande voie à vapeur présentant des moyens de communication plus prompts, et à plus bas prix, ce qui favorisera l'échange des intérêts commerciaux et industriels. »

Afin de donner des facilités de transport rapide aux voyageurs pressés et ayant un long parcours à effectuer en Sibérie, le comité a organisé un service de trains rapides qui, une fois par semaine, desservent la ligne dans les deux sens et ne mettent que neuf jours environ pour aller de Moscou à Irkoutsk. Cette durée exceptionnellement longue d'un parcours ininterrompu a amené les ingénieurs à perfectionner leur matériel roulant; dans ce cas, en effet, le confort du voyageur devient une nécessité de premier ordre, d'autant plus que le climat sibérien est très dur[2].

Ce convoi se compose de cinq voitures construites exprès pour ce service : 1 wagon de 1re classe, 2 wagons de seconde classe, 1 wagon salle à manger et 1 fourgon pour les bagages. Tous les wagons, munis des freins automatiques Westinghouse, ont une

---

1. *Guide du grand chemin de fer transsibérien* (Saint-Pétersbourg, 1900), p. 85.
2. Souvent, pendant l'hiver, le thermomètre descend au-dessous de — 50°, tandis que, pendant l'été, il monte très haut.

double suspension et sont montés sur 8 roues à boggies ; leur mouvement est très doux. Des paravents adaptés aux fenêtres protègent l'intérieur du wagon contre la fumée, le vent et la poussière, en même temps que des passerelles très larges et entourées par des soufflets en cuir doublé de drap permettent au voyageur de circuler d'un bout du train à l'autre sans qu'il ait à redouter les intempéries de la température. Les parois extérieures des wagons, la toiture et le plancher sont doubles avec vides intérieurs ; le plancher est, en outre, recouvert de feutre compact, de manière à atténuer le bruit du roulement des voitures. Les cadres des fenêtres étant doubles aussi, celui d'été peut être baissé et celui d'hiver peut être complètement enlevé. Enfin les châssis d'hiver comportent une huisserie spéciale à ressort qui empêche tout passage d'air.

Indépendant pour chaque voiture, le chauffage s'effectue par circulation d'eau chaude, tandis que celui du wagon-restaurant et du fourgon à bagages se fait par la vapeur de la station électrique. Des appareils spéciaux permettent de régler la quantité d'air frais qui pénètre dans le coupé, ainsi que la quantité d'eau chaude. Grâce à eux, la température moyenne du train ne descend pas, même par les froids les plus rigoureux, au-dessous de $+ 15°$, et la température des divers coupés ne varie pas de plus de $5°$. Quant à l'air vicié, il s'échappe par les ventilateurs d'appel installés dans chaque compartiment et par des ventilateurs électriques d'un effet rapide dans la salle à manger, le buffet, la cuisine et la chambre des chaudières. Pendant les fortes chaleurs de l'été, l'air pris à l'extérieur se refroidit dans un serpentin en cuivre placé au milieu d'un mélange de sel et de glace pilée ; il est ensuite distribué en nappes minces le long du plafond des compartiments. On obtient ainsi un courant d'air ayant une température inférieure de $25°$ à $30°$ centigrades à celle de l'air extérieur. L'éclairage est électrique ; toutes les lampes sont indépendantes, et leur intensité totale pour le convoi est de 1,000 bougies normales. Enfin, en cas d'incendie, outre les grenades et les seaux à eau, on peut utiliser l'injecteur de la locomotive et le tuyautage des freins Westinghouse avec lesquels on obtient une pression capable d'amener l'eau à une hauteur de 20 mètres.

Ce train transporte 18 voyageurs de 1re classe et 48 de seconde classe. Toutes les places étant numérotées et chaque billet distribué indiquant le numéro de la couchette, le voyageur devient,

EMPIRE RUSSE.

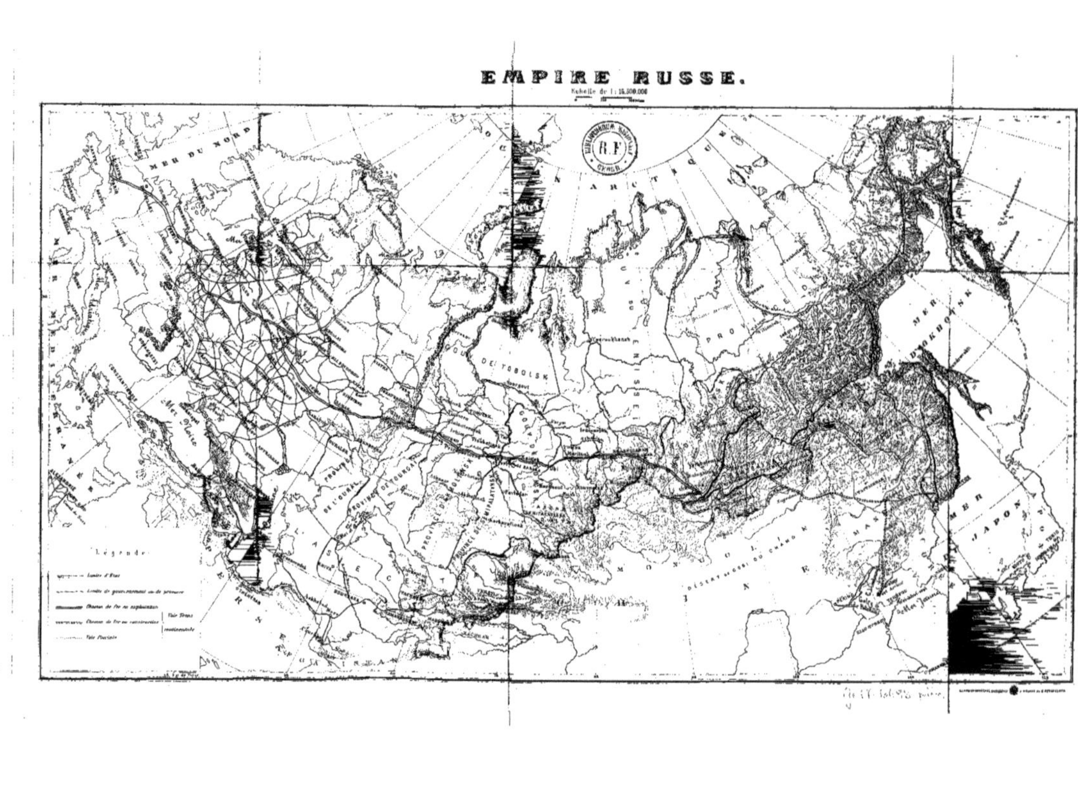

dant toute la durée du parcours, propriétaire de son lit, lequel
formé au moyen des larges divans à dossiers articulés qui
servent de sièges pendant le jour et qu'il suffit de relever le soir
pour les transformer en couchettes.

Le wagon salle à manger est commun et reste ouvert de 8 heures
du matin à minuit; 28 personnes à la fois y trouvent place. Les
repas, qui ont lieu à heures fixes, sont servis à prix ferme ou à la
carte, aux mêmes conditions pécuniaires que dans les buffets des
gares. Placée à côté, la cuisine, avec tous les appareils nécessaires
pour cuire ou chauffer les aliments, est munie d'armoires, de
caves glacières et de soutes spéciales où sont emmagasinés vivres,
provisions et boissons de toute nature.

Le confort est poussé jusqu'à ses dernières limites. Le convoi
possède une salle de bains très perfectionnée et une série d'appareils de gymnastique dont peuvent disposer à volonté les voyageurs
qui désirent donner à leur corps un exercice indispensable si l'on
veut vaincre la fatigue qu'engendre très vite tout séjour prolongé
dans un wagon. Gratuite et contenant les principales publications
sur la Sibérie, ainsi que des livres en plusieurs langues, des
cartes, des périodiques et les journaux des localités traversées,
une bibliothèque offre les moyens de distraire et d'occuper l'esprit.
Enfin un officier de santé accompagne chaque train et soigne les
malades aux frais de l'administration.

Ces détails montrent comment le comité a su préparer le succès
de l'exploitation de son réseau ferré, lequel, une fois achevé, aura
une longueur d'environ 8,500 kilomètres. Les trains marchant
actuellement à la vitesse de 37 kilomètres à l'heure, un voyageur
de première classe, avec wagon-lit, met 10 jours pour se rendre de
Moscou à Vladivostok ou Port-Arthur et dépense seulement
310 francs. Pour aller de Paris ou de Londres à Shanghaï, 16 jours
et une dépense de 860 francs suffiront, tandis qu'aujourd'hui, par
voie de mer, ce même voyage revient à 2,450 francs et demande
34 jours.

Le mouvement des marchandises n'ayant cessé de s'accroître sur
les fleuves de la Sibérie et, de son côté, le grand chemin de fer
donnant un nouvel essor à la vie commerciale de ces régions, ces
deux faits ont amené le comité à porter son attention sur les meil-
leurs moyens à employer pour arriver à régulariser la navigabi-
lité des rivières qui servent de voies naturelles de communication

[...] qui peuvent contribuer à alimenter [...]
[...] être occupée de l'arrondissement de Tomsk, [...]
[...] de la Toura, du Tobol, de l'Irtych, de l'Ob et de la [...]
[...] une direction spéciale des voies d'eau pour [...]
[...] ouri et l'Amour. En ce qui concerne l'Angara, les dépenses [...]
[...] très élevées, car, pendant un temps assez long, il y aura [...]
sur ce fleuve plusieurs bateaux à vapeur pour transporter les ma-
[...] riaux du chemin de fer et aussi les diverses parties du bac qui,
monté maintenant, sert à transborder les trains d'une rive à l'autre
du Baïkal et à briser les glaces de ce lac pendant l'hiver. Enfin une
commission spéciale a été chargée de refaire la carte de ce lac, où
les tempêtes sont fréquentes et qui a une superficie totale d'au
moins 34,000 kilomètres carrés avec une profondeur d'eau de près
de 1,500 mètres. Commencées en 1897, les études doivent durer
cinq ans et ont déjà donné des résultats précieux. C'est ainsi qu'on
a découvert des criques propres au mouillage des bâtiments, qu'on
a établi des phares sur quatre des points principaux du Baïkal,
qu'on a rectifié l'hydrographie du lac en nombre d'endroits, et
qu'on a fait de curieuses découvertes scientifiques sur sa faune et
sa flore sous-marines.

Si courte qu'elle soit, notre étude montrera ce qu'est actuellement la Sibérie et quelle ère de prospérité va s'ouvrir pour cette
immense région maintenant qu'elle est mise en rapports faciles et
quotidiens avec le monde entier par la grande artère ferrée qui la
traverse de part en part. Sans doute des améliorations considérables
pourront et devront être encore apportées à l'œuvre gigantesque
qui s'achève; mais il nous est permis d'envisager l'avenir avec une
pleine confiance, car le gouvernement impérial russe et son comité
du chemin de fer nous ont prouvé qu'ils ne reculaient devant au-
cune difficulté et qu'ils sauraient mener à bonne fin l'un des plus
vastes projets que l'esprit de l'homme ait osé concevoir.

5866. — L.-Imprimeries réunies, B, rue Saint-Benoît, 7. — MOTTEROZ, directeur.

www.ingramcontent.com/pod-product-compliance
Ingram Content Group UK Ltd.
Pitfield, Milton Keynes, MK11 3LW, UK
UKHW020113100726
13658UKWH00005B/2150